| | |
|---|---|
| school - yachay wasi | 2 |
| reis - ch'usay | 5 |
| transport - astana | 8 |
| stad - llaqta | 10 |
| landschap - wanlla | 14 |
| restaurant - mikhuna wasi | 17 |
| supermarkt - jatun qhatu | 20 |
| dranken - upyanakuna | 22 |
| eten - mikhuna | 23 |
| boerderij - chakra wasi | 27 |
| huis - wasi | 31 |
| woonkamer - k'illi wanlla | 33 |
| keuken - wayk'una wasi | 35 |
| badkamer - akana wasi | 38 |
| kinderkamer - wawa k'uchu | 42 |
| kleding - p'acha | 44 |
| kantoor - ujisina | 49 |
| economie - qullqikamay | 51 |
| beroepen - llamk'aykuna | 53 |
| gereedschap - ruk'awi | 56 |
| muziekinstrumenten - takichiy nakuna | 57 |
| dierentuin - jatun uywa kancha | 59 |
| sport - atipanaku pukllay | 62 |
| activiteiten - ruwakuna | 63 |
| familie - yawar masikuna | 67 |
| lichaam - uqhu | 68 |
| ziekenhuis - Jampina wasi | 72 |
| noodgeval - urjinsia | 76 |
| aarde - Pacha | 77 |
| klok - phani (kuna) | 79 |
| week - qanchischaw | 80 |
| jaar - wata | 81 |
| vormen - pacha tupusqa rikch'ay | 83 |
| kleuren - llimp'ikuna | 84 |
| tegenstellingen - wakjinakuna | 85 |
| getallen - yupaykuna | 88 |
| talen - simikuna | 90 |
| wie / wat / hoe - pi / ima / imayna | 91 |
| waar - maypi | 92 |

Impressum
Verlag: BABADADA GmbH, Nedderfeld 112 , 22529 Hamburg
Geschäftsführer / Verlagsleitung: Harald Hof
Druck: Books on Demand GmbH, In de Tarpen 42, 22848 Norderstedt

Imprint
Publisher: BABADADA GmbH, Nedderfeld 112 , 22529 Hamburg, Germany
Managing Director / Publishing direction: Harald Hof
Print: Books on Demand GmbH, In de Tarpen 42, 22848 Norderstedt

# school
# yachay wasi

Labels in classroom scene:
- delen / rak'iy
- bord / pirqa qillqana
- klaslokaal / yachaqaywasi
- schoolplein / kancha
- leraar / yachachiq
- papier / raphi
- schrijven / qillqay
- pen / qillqana
- bureau / llamk'a jamp'ara
- lineaal / chiqanchana
- boek / p'anqa
- leerling / yachaqaq

schooltas
wayaqa

etui
p'uktaki llimp'i qillqana

potlood
yana qillqana

puntenslijper
ñawch'ina

gum
qillqakhituna

schetsblok
qillqana p'anqa siq'inapaq

tekening
siq'i

penseel
chukcha llimp'ina

verfdoos
p'uktaki llimp'ikuna

schaar
k'utuna

lijm
k'akachana

schrift
qillqana p'anqa ruwanakuna

huiswerk
kamachinakuna

getal
yupay

optellen
yapay

aftrekken
qhichuqay

vermenigvuldigen
mirachay

rekenen
yupanchay

letter
sanampa

alfabet
sanampakuna

woord
simi rimay

school - yachay wasi

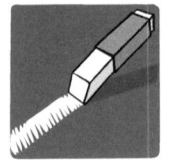

tekst
qillqa

lezen
ñawiriy

krijt
iskuna

les
yachachina

klassenboek
qillqana p'anqacha

examen
chaninchana

diploma
certificaru

schooluniform
uniforme

opleiding
yachay

encyclopedie
jatun simi pirwa

universiteit
Jatun yachaywasi

microscoop
microscopio

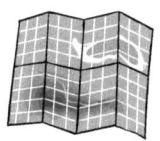

kaart
saywa siq'i

prullenmand
raphi chuqana

school - yachay wasi

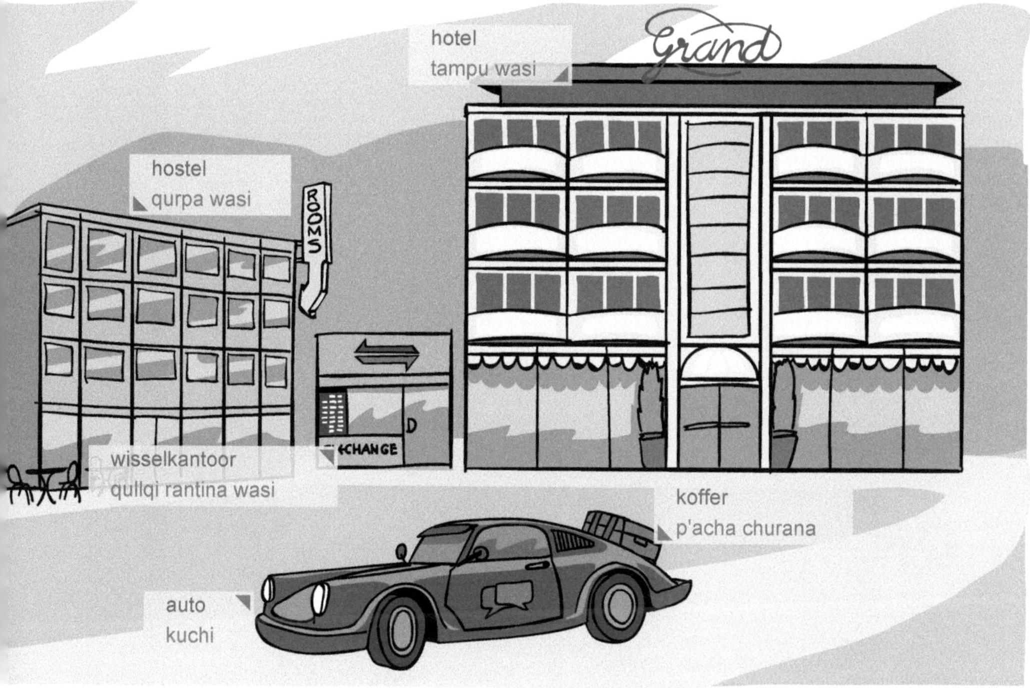

# reis
## ch'usay

hotel
tampu wasi

hostel
qurpa wasi

wisselkantoor
qullqi rantina wasi

koffer
p'acha churana

auto
kuchi

taal
simi

ja / nee
ari / mana

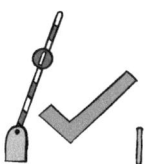

oké
ari

Hallo!
Imaynalla

tolk
tikraq

Bedankt.
Pachi

Wat kost ...?
¡Machkhataq?

Ik begrijp het niet.
Mana yachanichu

probleem
ch'ampay

Goedenavond!
¡Allin tuta!

Goedemorgen!
¡Allin P'unchaw!

Goedenacht!
¡Allin tuta!

Tot ziens!
tinkunakama

richting
pusachay wasi

bagage
q'ipi

tas
wayaqa

rugzak
wasa wayaqa

gast
jamuynisqa

kamer
wasi

slaapzak
puñunapaq wayaqa

tent
tienda

reis - ch'usay

| | | |
|---|---|---|
|  | 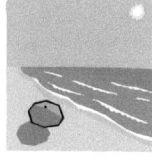 |  |
| VVV-kantoor | strand | creditkaart |
| turismu willakuy | quchapata | tarjita kriditumanta |
|  |  |  |
| ontbijt | lunch | diner |
| paqarin mikhuy | chawpi p'unchaw mikhuy | tuta mikhuy |
|  |  |  |
| kaartje | lift | postzegel |
| qullqi | makina wicharinapaq | unanchana |
|  |  |  |
| grens | douane | ambassade |
| saywa | adwana | imwajada |
|  |  | |
| visum | paspoort | |
| visa | pasapurti | |

reis - ch'usay

# transport
## astana

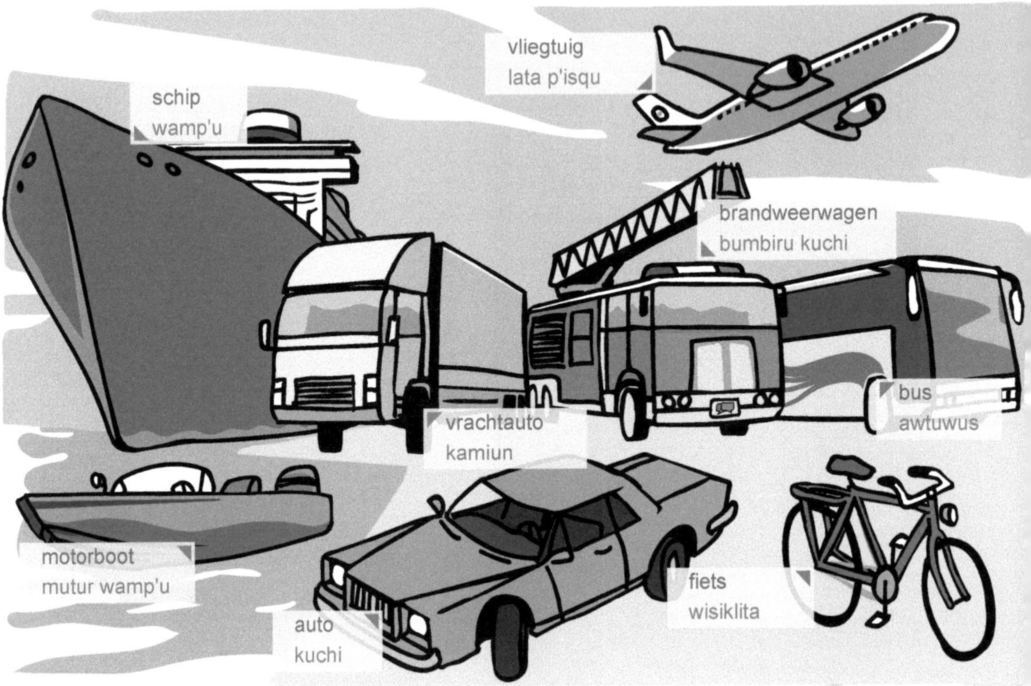

vliegtuig
lata p'isqu

schip
wamp'u

brandweerwagen
bumbiru kuchi

bus
awtuwus

vrachtauto
kamiun

motorboot
mutur wamp'u

fiets
wisiklita

auto
kuchi

veerboot
quchacha

boot
wamp'u

motorfiets
mutu

politiewagen
pulisiyap autun

raceauto
usqay karru

huurauto
kuchi manukuna

carsharing
kuchi manu

takelwagen
grua

vuilniswagen
q'upa kamiun

motor
mutur

benzine
gasulina

benzinepomp
gasulinamanta istasiun

verkeersbord
chakatana sanampa

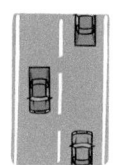

verkeer
trajiku

file
chakatana

parkeerplaats
istasiun

station
trin estasiun

rails
ñankuna

trein
trin

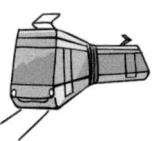

tram
tranwia

wagon
wagun

helikopter
ilikuptiru

luchthaven
lata p'isqu kiti

toren
pukara

passagier
pasaqlla

container
jatun p'uktaki

verhuisdoos
karton p'uktaki

kar
kapachu

mand
isanka

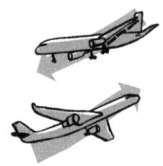
opstijgen / landen
phaway / uray

## stad
## llaqta

dorp
llaqta

stadscentrum
chawpi jatun llaqta

huis
wasi

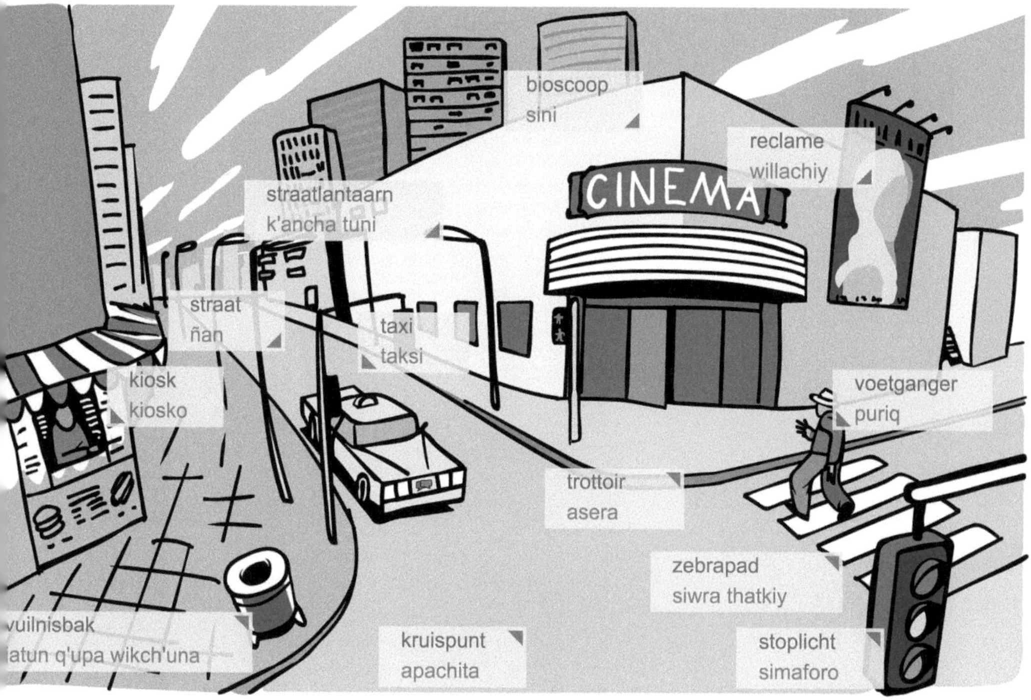

bioscoop
sini

reclame
willachiy

straatlantaarn
k'ancha tuni

straat
ñan

taxi
taksi

kiosk
kiosko

voetganger
puriq

trottoir
asera

zebrapad
siwra thatkiy

vuilnisbak
hatun q'upa wikch'una

kruispunt
apachita

stoplicht
simaforo

hut
ch'ullka

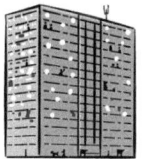

appartement
apartamento

station
trin estasiun

stadhuis
tantanakuy wasi

museum
rikuchina wasi

school
yachay wasi

stad - llaqta

universiteit
Jatun yachaywasi

bank
qullqi pirwa

ziekenhuis
Jampina wasi

hotel
tampu wasi

apotheek
jampi ranqhana wasi

kantoor
ujisina

boekenwinkel
p'anqa pirwa

winkel
tienda

bloemenwinkel
t'ika wasi

supermarkt
jatun qhatu

markt
qhatu

warenhuis
jatun pirwa

visboer
challwa wasi

winkelcentrum
jatun rantina wasi

haven
wamp'u qhispinan

stad - llaqta

park
jark'asqa chiqan

bank
qullqi pirwa

brug
chaka

trap
wichana

metro
metro

tunnel
suqhu

bushalte
autuwus sayana

bar
bar

restaurant
mikhuna wasi

brievenbus
willa qillqa juch'uy wanqara

straatnaambord
t'uqsi tuni

parkeermeter
parkimetro

dierentuin
jatun uywa kancha

zwembad
armakuna

moskee
meskita

stad - llaqta

| boerderij | vervuiling | begraafplaats |
| --- | --- | --- |
| chakra wasi | pacha unquchiq | Aya pampa |

| kerk | speelplaats | tempel |
| --- | --- | --- |
| iñiy wasi | pukllana kancha | Qhapana |

# landschap
# wanlla

- blad / raphi
- wegwijzer / sanampa
- weg / ñan
- weide / waylla
- wandelaar / puriq runa
- steen / rumi
- boom / sach'a
- rivier / mayu
- gras / sach'a
- bloem / t'ika

| | | |
|---|---|---|
|  vallei<br>qhichwa |  berg<br>muqu |  meer<br>qucha |
|  bos<br>Sach'a sach'a | 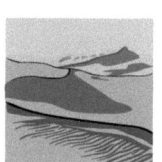 woestijn<br>purun |  vulkaan<br>nina phuqchiq urqu |
|  kasteel<br>kastilla wasi |  regenboog<br>k'uychi |  paddenstoel<br>champiñun |
|  palmboom<br>chunta |  mug<br>ch'uspi |  vlieg<br>ch'uspi |
|  mier<br>sik'imira |  bij<br>wara |  spin<br>kusi kusi |

kever
ch'iqi

kikker
k'ayra

eekhoorn
artilla

egel
askanku

haas
liwre

uil
ch'usiqa

vogel
p'isqu

zwaan
yuku p'isqu

wild zwijn
sintiru

hert
sierwu

eland
alsi

stuwdam
waykhasqa

windmolen
wayrakallpa

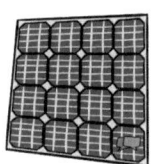

zonnepaneel
inti panil

klimaat
pacha wayra

landschap - wanlla

# restaurant
# mikhuna wasi

ober
wayna yanapaq

menu
menu

stoel
tiyana

pizza
pitsa

soep
supa

tafelkleed
mast'a jamp'ara

bestek
tumina

voorgerecht
ñawpaq mikhuna

hoofdgerecht
yari mikhuna

toetje
mikhuy yapa

dranken
upyanakuna

eten
mikhuna

fles
wutilla

restaurant - mikhuna wasi

fastfood
saqra ura

eetkraampje
kalli mikhuna

theepot
te churana

suikerpot
misk'i churana

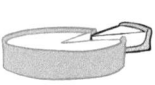

portie
chhika

espressomachine
cajitira iksprisu

kinderstoel
jatun tiyana

rekening
yupay

dienblad
bandija

mes
tumi

vork
tinidur

lepel
wislla uña

theelepel
juch'uy wislla uña

servet
simi pichana

glas
qhispi akilla

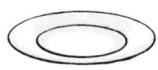

bord
chuwa

soepbord
chuwa

schotel
chuwa

saus
salsa

zoutvaatje
kachi churana

pepermolen
pimienta kutana

azijn
k'allkucha

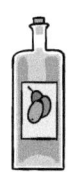

olie
llukllu

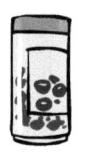 

kruiden
ch'aki q'mirkuna

ketchup
ketchup

mosterd
mostaza

mayonaise
mayonisa

restaurant - mikhuna wasi

# supermarkt
# jatun qhatu

- aanbieding / kusa ranqhanapaq
- klant / rantiq
- zuivelproducten / willalli
- winkelwagen / rantina karro
- fruit / puquy

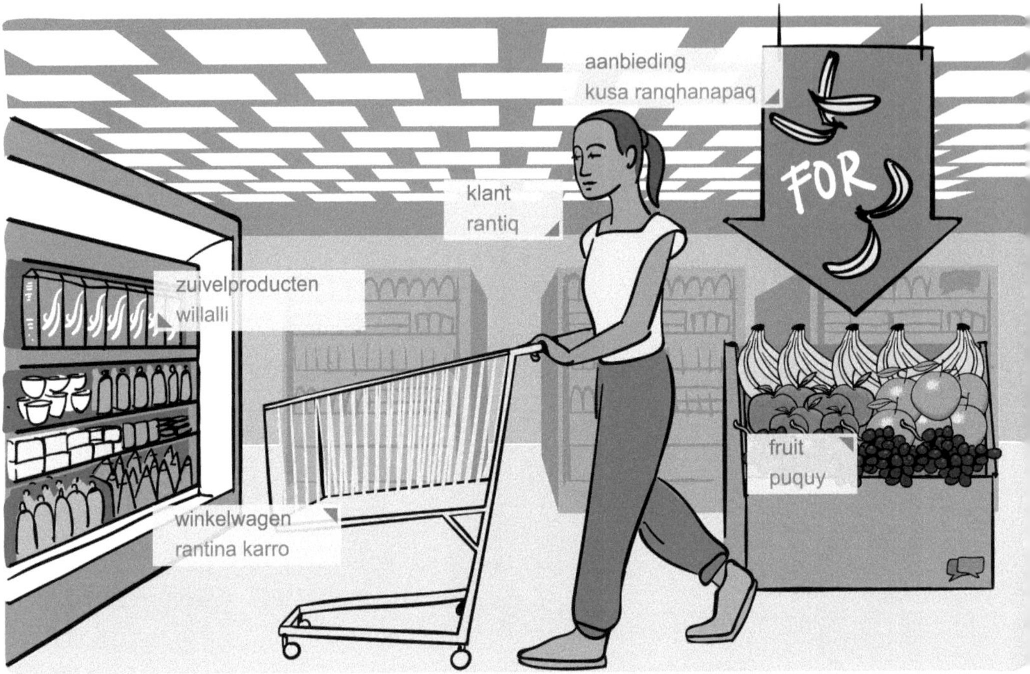

slager
aicha wasi

bakkerij
t'anta wasi

wegen
llasay

groente
q'umirkuna

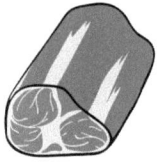
vlees
aycha

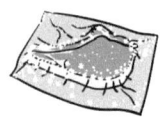
diepvriesproducten
chhullunka mikhuna

supermarkt - jatun qhatu

vleeswaren
quqawi

conserven
mikhuna unaychasqa

wasmiddel
ditirjinti

snoepgoed
misk'ikuna

huishoudelijke artikelen
wasimanta pruduktu

schoonmaakmiddel
maylla produkto

verkoopster
ranqhaq

kassa
kartun p'uktaki

kassier
kajiru

boodschappenlijstje
sinru qillqa rantina

openingstijden
sumaq runa uyarina phani

portefeuille
qullqi wayaqa

creditkaart
tarjita kriditumanta

tas
plastiko wayaqa

plastic zak
plastiku wayaqa

supermarkt - jatun qhatu

# dranken
## upyanakuna

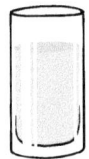
water
yaku

sap
jilli

melk
ch'awa

cola
coca cola

wijn
vino

bier
sirwisa

alcohol
alkula

chocolademelk
kakawu

thee
te

koffie
caji

espresso
ieksprisu

cappuccino
capuchinu

# eten
## mikhuna

banaan
platanu

appel
mansana

sinaasappel
laranja

watermeloen
milun

citroen
limun

wortel
sanawrya

knoflook
aju

bamboe
wamwu

ui
siwulla

paddenstoel
champiñun

noten
awillana

pasta
jirius

spaghetti

ispawiti

rijst

arrus

salade

sarsa

friet

papa kanka

gebakken aardappelen

papa kanka

pizza

pitsa

hamburger

amwirkisa

sandwich

sanwich

schnitzel

jiliti

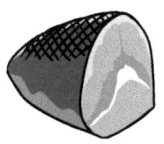

ham

jamun

salami

salami

worst

salchicha

kip

chichilu

gebraad

aycha kanka

vis

challwa

eten - mikhuna

| | | |
|---|---|---|
|  |  |  |
| havermout<br>p'aqa awina | muesli<br>muesli | cornflakes<br>p'aqa sara |
|  |  |  |
| meel<br>jak'u | croissant<br>krwasan | broodjes<br>k'awka |
|  |  |  |
| brood<br>t'anta | toast<br>t'anta jamk'a | koekjes<br>khamuna |
|  |  |  |
| boter<br>mantikilla | kwark<br>ñuqñu | taart<br>pastil |
|  |  | 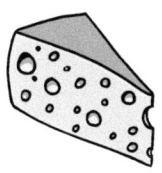 |
| ei<br>runtu | gebakken ei<br>runtu kanka | kaas<br>masara |

eten - mikhuna

| ijs | suiker | honing |
| --- | --- | --- |
| chullunka misk'i | misk'i | wayrunq'u misk'i |

| jam | chocoladepasta | kerrie |
| --- | --- | --- |
| mirmilara | krima turrunmanta | kurri |

# boerderij
## chakra wasi

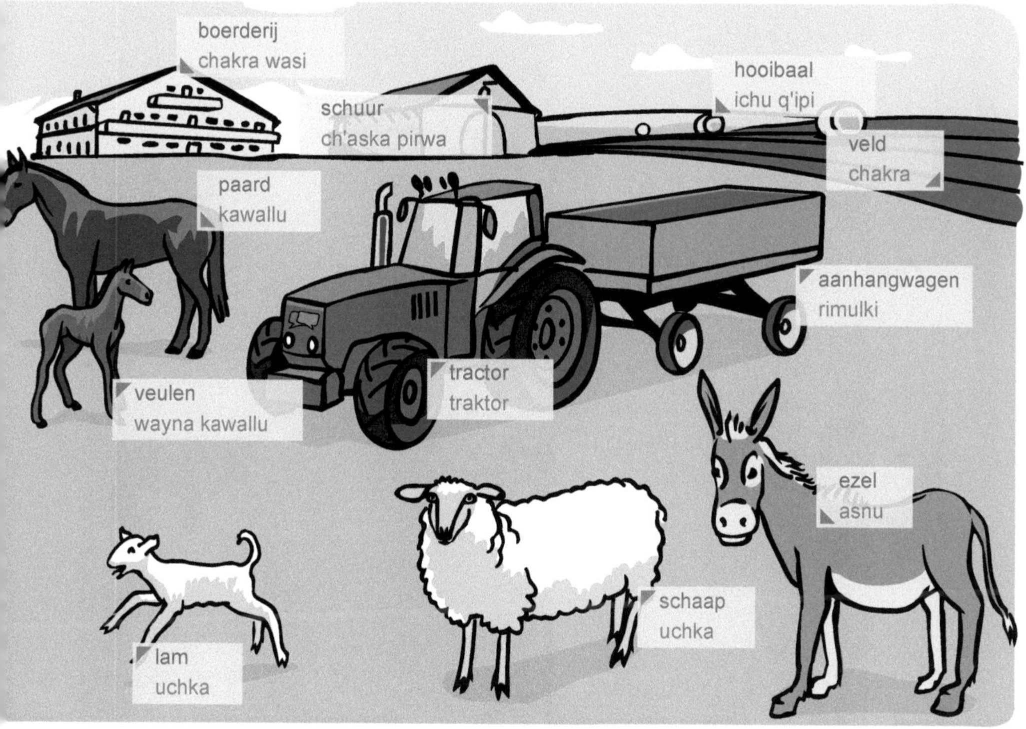

boerderij
chakra wasi

schuur
ch'aska pirwa

hooibaal
ichu q'ipi

veld
chakra

paard
kawallu

aanhangwagen
rimulki

veulen
wayna kawallu

tractor
traktor

ezel
asnu

schaap
uchka

lam
uchka

geit
karwa

koe
waka

kalf
waka uña

varken
khuchi

big
khuchi uña

stier
turu

boerderij - chakra wasi

gans
wallata

eend
pili

kuiken
chchilu

kip
wallpa

haan
k'anka

rat
jatun juk'ucha

kat
misi/michi

muis
juk'ucha

os
turu

hond
alqu

hondenhok
alquwasi

tuinslang
mankira

gieter
qarpana jalp'a

zeis
rutuna

ploeg
taklla

boerderij - chakra wasi

sikkel
rutuna

schoffel
liwk'ana

hooivork
sipina

bijl
ayri

kruiwagen
kapachu

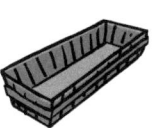
trog
yaku upyana

melkbus
willalli purunku

zak
jatun wayaqa

hek
jark'aq ch'ipa

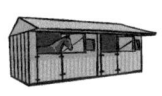
stal
kancha wasi

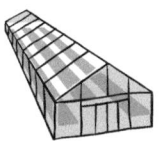
broeikas
inwirnadiru

grond
pampa

zaad
muju

mest
wanu

maaidorser
makina allana

boerderij - chakra wasi

oogsten
allay

oogst
allay

yam
ñame

tarwe
tiriwu

soja
soya

aardappel
papa

maïs
sara

koolzaad
kulsa luru

fruitboom
wayu sach'a

maniok
mandiuka

granen
ch'aki puquy

# huis
## wasi

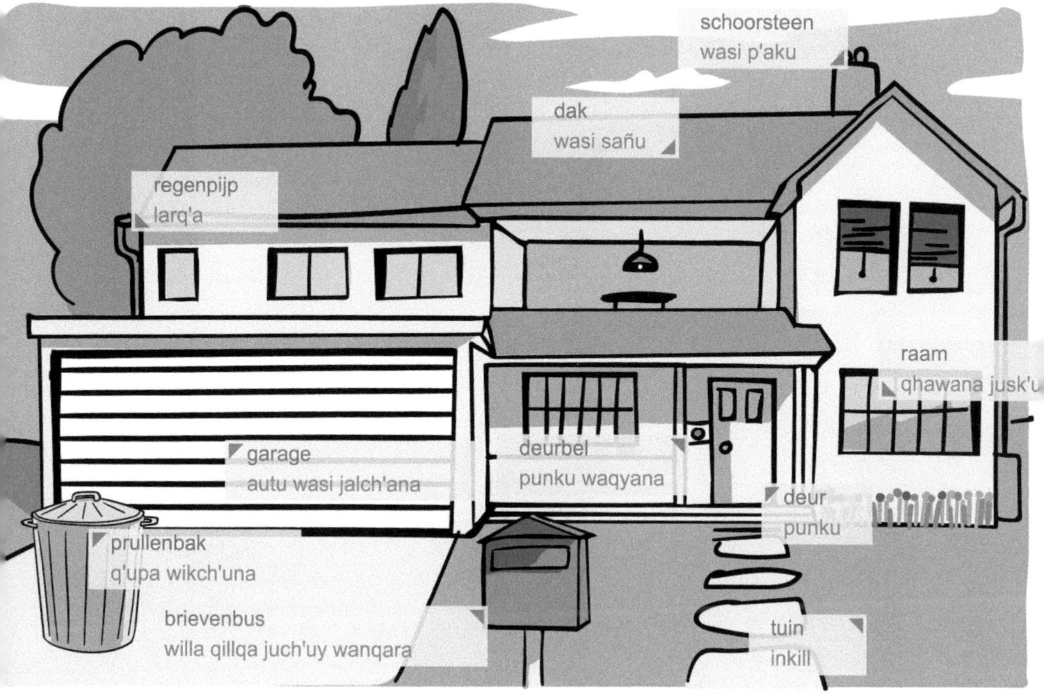

- schoorsteen / wasi p'aku
- dak / wasi sañu
- regenpijp / larq'a
- raam / qhawana jusk'u
- garage / autu wasi jalch'ana
- deurbel / punku waqyana
- deur / punku
- prullenbak / q'upa wikch'una
- brievenbus / willa qillqa juch'uy wanqara
- tuin / inkill

woonkamer
k'illi wanlla

badkamer
akana wasi

keuken
wayk'una wasi

slaapkamer
puñuna wasi

kinderkamer
wawa k'uchu

eetkamer
mikhuna k'uchu

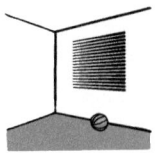

vloer
pampa

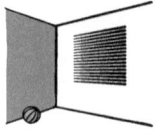

muur
pirqa

plafond
wasip khatan

kelder
wasi ukhun

sauna
sawna

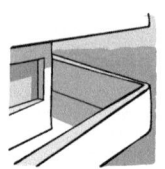

balkon
walkun

terras
pirqa

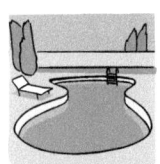

zwembad
armakuna

grasmaaier
k'achina

laken
iqana

bedsprei
khatana

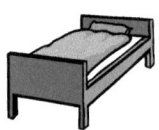

bed
puñuna

bezem
pichana

emmer
yaku aysana

schakelaar
k'ancha jap'ichiq

huis - wasi

# woonkamer
## k'illi wanlla

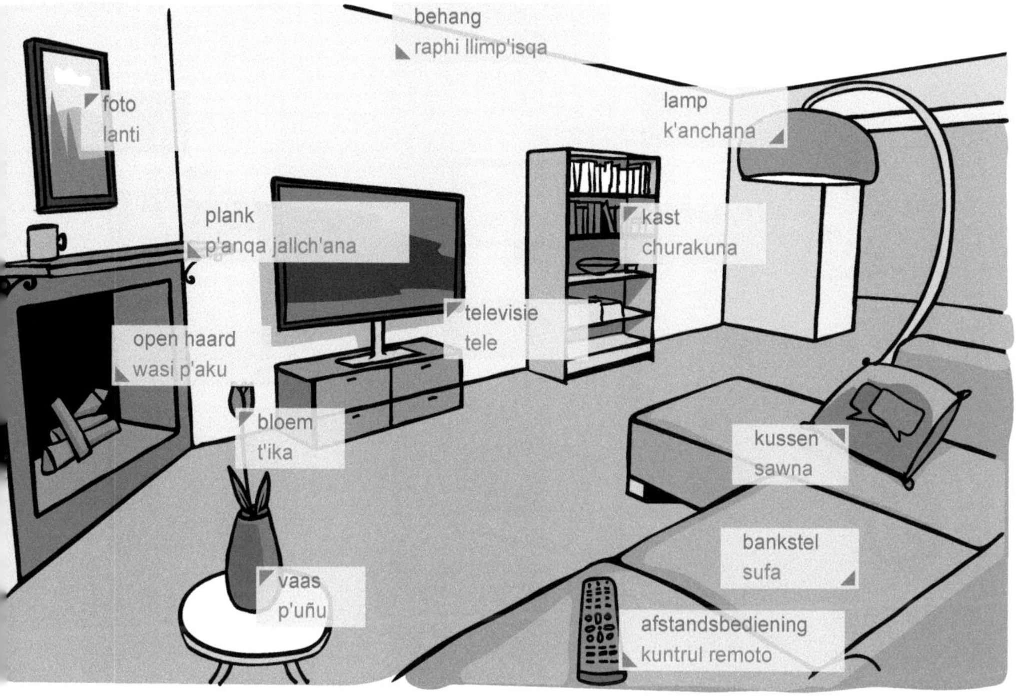

- behang / raphi llimp'isqa
- foto / lanti
- lamp / k'anchana
- plank / p'anqa jallch'ana
- kast / churakuna
- open haard / wasi p'aku
- televisie / tele
- bloem / t'ika
- kussen / sawna
- vaas / p'uñu
- bankstel / sufa
- afstandsbediening / kuntrul remoto

tapijt
pampa mast'ana

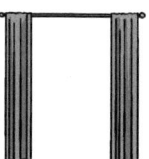

gordijn
arapa

tafel
jamp'ara

stoel
tiyana

schommelstoel
chhuku tiyana

stoel
kirana

boek
p'anqa

deken
mast'a

decoratie
t'ikanchay

brandhout
llamt'a

film
pelikula

stereo-installatie
takina ekipu

sleutel
ch'atana

krant
mit'awa

schilderij
llimp'i

poster
poster

radio
wayra simi

kladblok
qillqana p'anqa

stofzuiger
aspiradora

cactus
pukru

kaars
ispilma

woonkamer - k'illi wanlla

# keuken
## wayk'una wasi

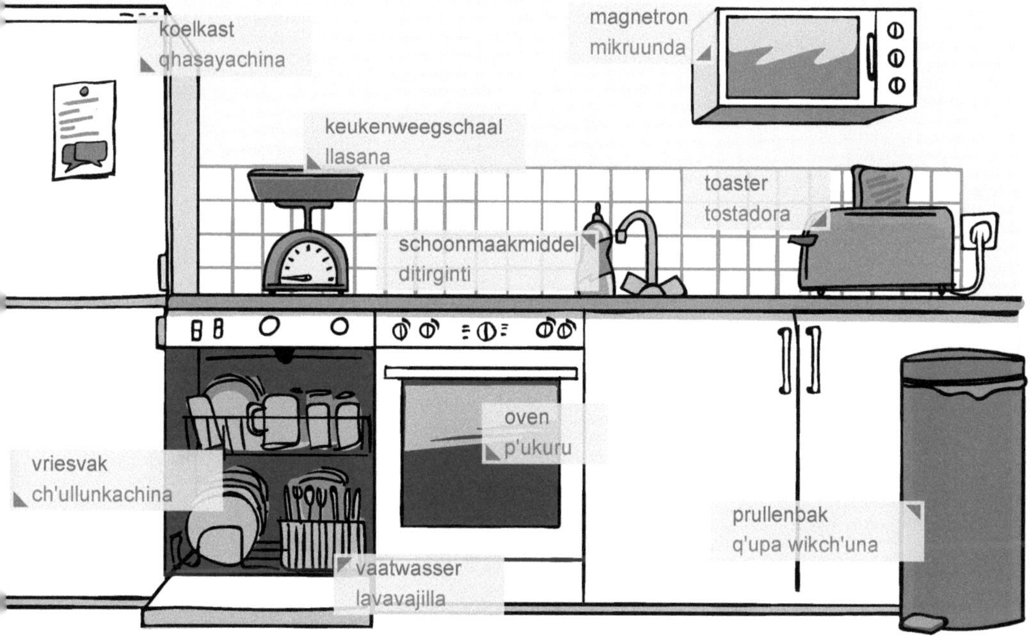

- koelkast / qhasayachina
- magnetron / mikruunda
- keukenweegschaal / llasana
- toaster / tostadora
- schoonmaakmiddel / ditirginti
- oven / p'ukuru
- vriesvak / ch'ullunkachina
- prullenbak / q'upa wikch'una
- vaatwasser / lavavajilla

fornuis
presiun manka

pan
manka

gietijzeren pan
q'illa manka

wok / kadai
wok

koekenpan
payla

ketel
thimpuchina

keuken - wayk'una wasi

stoomkoker
wapsina

bakplaat
p'ukuru punku

servies
vajilla

beker
tasa

kom
tason

eetstokjes
palillo

soeplepel
wislla

spatel
phusuqa urquna

garde
qaywina

vergiet
isanka

zeef
suysuna

rasp
thupana

vijzel
kutana

barbecue
kawitu

vuurhaard
nina jap'ichina

keuken - wayk'una wasi

snijplank
k'ullu kuchunapaq

deegroller
tuquru

kurkentrekker
sacacurchu

blik
lata

blikopener
lata kichana

pannenlap
jap'ina

wasbak
chuwa mayllana

borstel
sipillu

spons
ispunja

blender
watidora

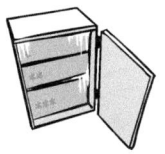

vriezer
ch'ullunkachina

babyflesje
biberon

kraan
grifo

keuken - wayk'una wasi

# badkamer
## akana wasi

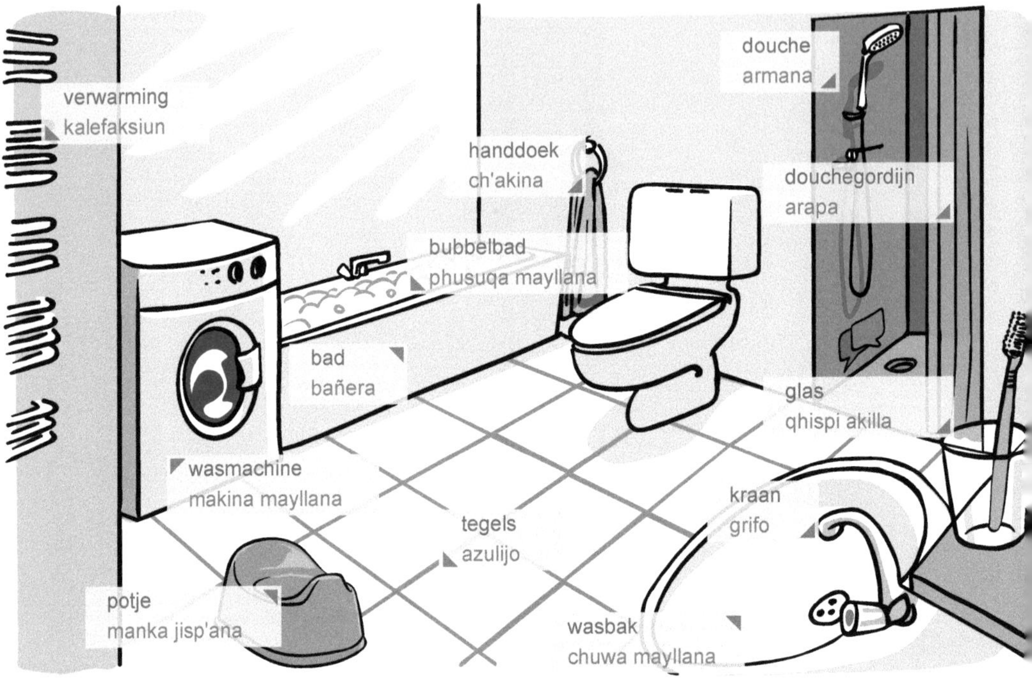

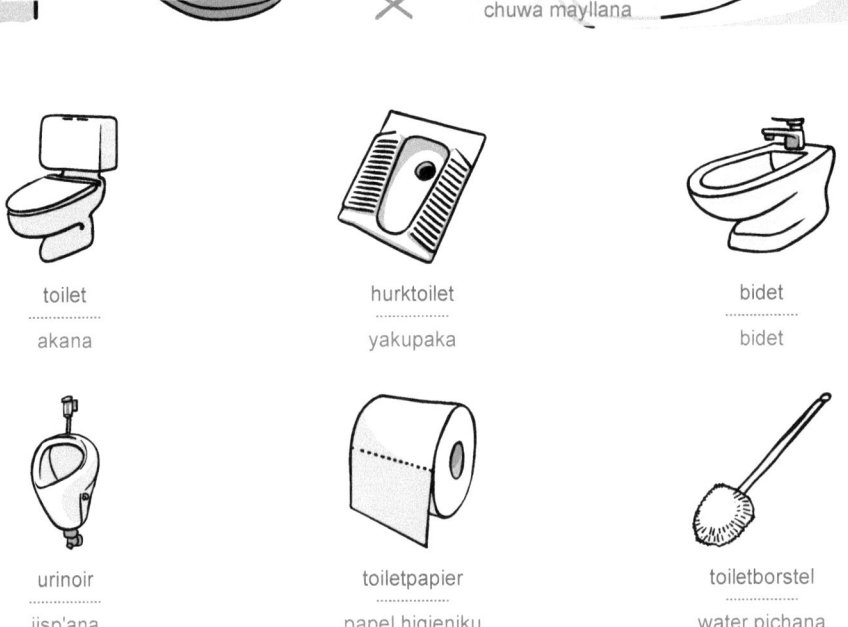

| | | |
|---|---|---|
| toilet | hurktoilet | bidet |
| akana | yakupaka | bidet |
| urinoir | toiletpapier | toiletborstel |
| jisp'ana | papel higieniku | water pichana |

tandenborstel
kiru khituna

tandpasta
kiru pasta

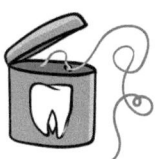
flosdraad
kiru q'aytu

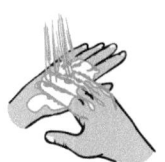
wassen
mayllay

handdouche
armana makiwan

toiletdouche
armana

waskom
pila

rugborstel
wasa cepillo

zeep
t'arta

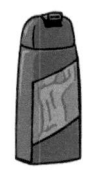
douchegel
llukllu armanapaq

shampoo
champu

washanje
ch'akina

afvoer
ch'chi yaku wikch'una

creme
krima

deodorant
kuntu wayllak'upaq

badkamer - akana wasi

spiegel
qhispi

make-upspiegel
qhawakunaqhispi

scheermes
mumikuna

scheerschuim
phusuqu mumikunapaq

aftershave
lusiun mumikunapaq

kam
sikrana

borstel
kuiru khituna

haardroger
sekadora

haarspray
ispray

make-up
makillaji

lippenstift
simi llimp'ina

nagellak
llimp'i sillu

watten
ampi

nagelschaartje
sillu k'utuna

parfum
untu

badkamer - akana wasi

toilettas          kruk            weegschaal
wayaqa ch'usanapaq   chukuna        aysana

badjas       rubber handschoenen       tampon
bata         maki wayaqa gumamanta     tampon

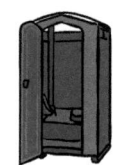

maandverband        chemisch toilet
raphi ch'akina      akanapaq tiyana kimiku

# kinderkamer
# wawa k'uchu

wekker
riqch'achina

knuffeldier
piluchi

speelgoedauto
kochi pukllana

poppenhuis
urpu wasi

cadeau
qurina

rammelaar
chanrara

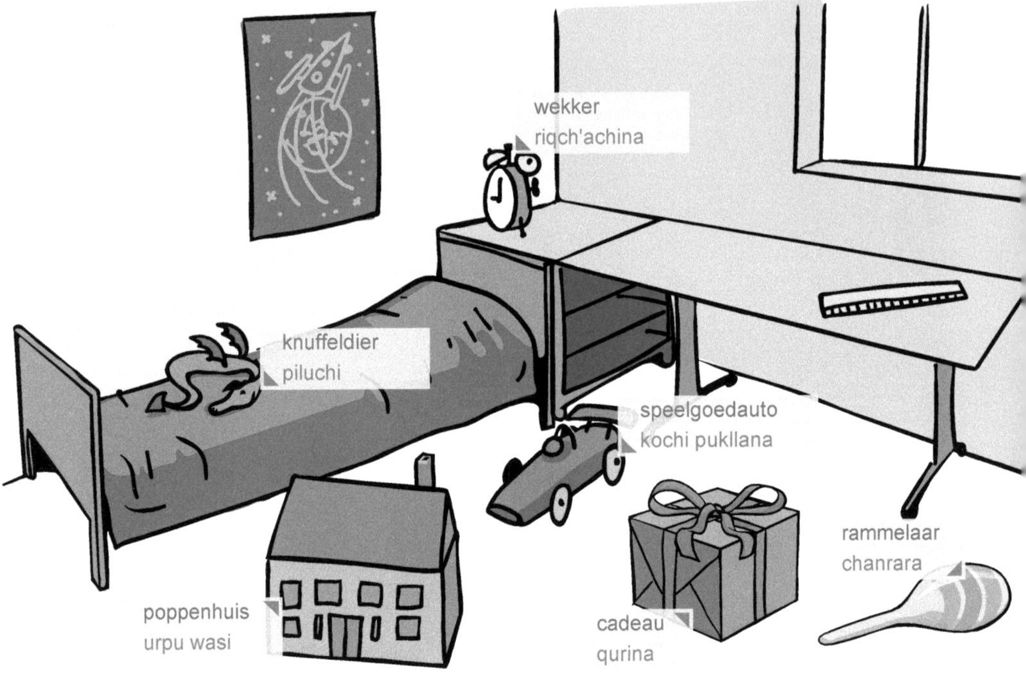

ballon
phuyu phuku

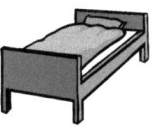

bed
puñuna

kinderwagen
wawa kochi

kaartspel
naypi

puzzel
pusli

stripverhaal
riwista

kinderkamer - wawa k'uchu

legostenen
legukuna

speelgoedblokken
wluki pukllana

actiefiguurtje
figura aksionmanta

romper
wuri wawapaq

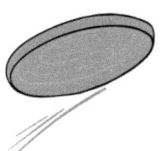
frisbee
friswi

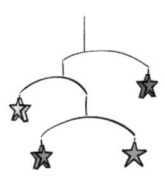
mobile
wawa marq'a

bordspel
jamp'ara pukllana

dobbelsteen
dado

modeltrein
trin iliktriko purina

speen
maniki

feestje
raymi

prentenboek
futu p'anqa

bal
p'ulu

pop
urpu

spelen
pukllay

kinderkamer - wawa k'uchu

zandbak

t'iyu p'utaki

schommel

wallunk'a

speelgoed

pukllana

spelcomputer

wiriukunsula

driewieler

trisiklu

teddybeer

jukumari pukllana

kleerkast

p'acha jallch'ana

# kleding
# p'acha

sokken

chakiwayaqa

kousen

chakiwayaqa qharipaq

panty

chakiwayaqa

sjaal
chalina

paraplu
parawa

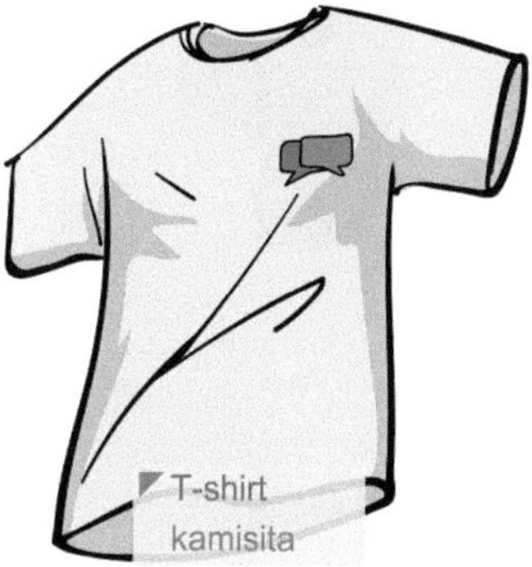

T-shirt
kamisita

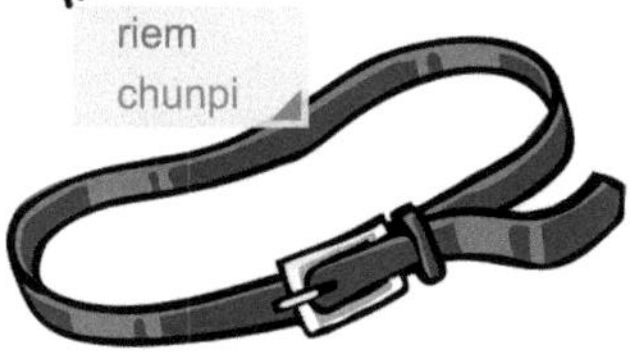

riem
chunpi

laarzen
wutakuna

pantoffels
zapatillakuna

sportschoenen
tinis

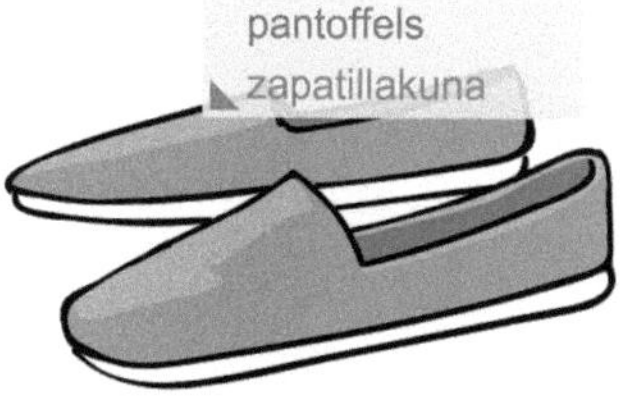

sandalen
llanq'i

schoenen
phapatukuna

rubberlaarzen
wutakuna parapaq

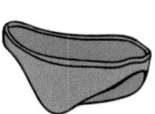

onderbroek
ukhu p'acha

beha
sustin

onderhemd
chaliku

kleding - p'acha

body
wuri

broek
pantalu kurtu

spijkerbroek
wakiru

rok
arphi

blouse
wulusa

overhemd
kamisa

trui
chumpa

hoody
chumpa

blazer
blazer

jas
chakita

mantel
qhata

regenjas
yawardina

kostuum
traji

jurk
wistiru

trouwjurk
wistiru nowiamanta

kleding - p'acha

pak
traji

nachthemd
kamisun

pyjama
piyama

sari
sari

hoofddoek
wandana

tulband
turbante

boerka
burka

kaftan
kaftan

abaja
abaya

zwempak
traje mayllakunapaq

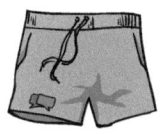

zwembroek
p'acha mayllakunpaq

korte broek
kurtu

trainingspak
p'acha tukuy p'unchawpaq

schort
dilantal

handschoenen
makiwayaqa

knoop
ch'itana

bril
gafakuna

armband
maki watana

ketting
wallqa

ring
siwi

oorbel
linri quri

pet
q'aspa

kledinghanger
p'acha warkhuna

hoed
chharara

stropdas
kurbata

rits
pantalu wisk'ana

helm
kasku

bretels
tirantikuna

schooluniform
uniforme

uniform
uniformi

kleding - p'acha

slabbetje
llawsanapaq

speen
maniki

luier
jananta

## kantoor
## ujisina

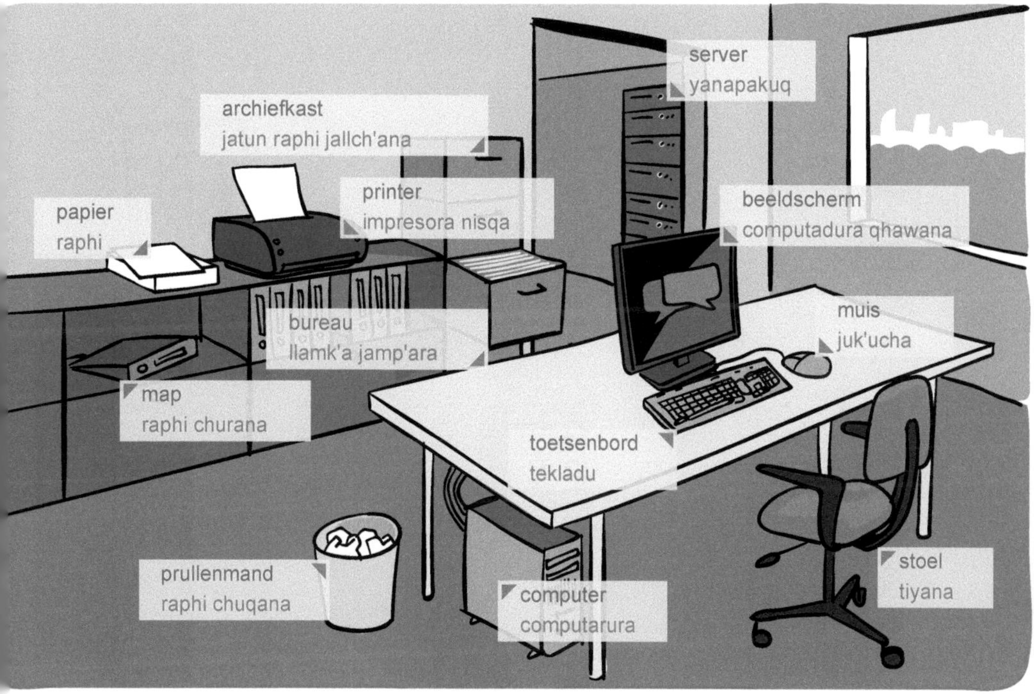

- server — yanapakuq
- archiefkast — jatun raphi jallch'ana
- printer — impresora nisqa
- beeldscherm — computadura qhawana
- papier — raphi
- bureau — llamk'a jamp'ara
- muis — juk'ucha
- map — raphi churana
- toetsenbord — tekladu
- prullenmand — raphi chuqana
- computer — computarura
- stoel — tiyana

koffiemok
tasa cajimanta

rekenmachine
calcularura

internet
intirnit

kantoor - ujisina

| | | |
|---|---|---|
|  laptop<br>laptop |  brief<br>chaki qillqa |  bericht<br>willachiy |
|  mobiele telefoon<br>silular |  netwerk<br>red |  kopieermachine<br>futukopia |
|  software<br>software |  telefoon<br>tilijunu |  stopcontact<br>toma corriente |
| 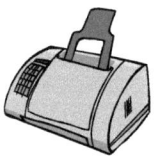 fax<br>faks | 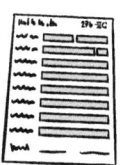 formulier<br>jurmulario |  document<br>asuy qillqa |

kantoor - ujisina

# economie
# qullqikamay

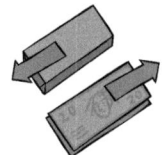
kopen
ranqhay

betalen
qupuy

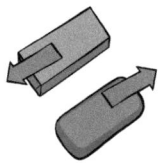
handel drijven
ranqhay

geld
qullqi

dollar
dólar qullqi

euro
iwro qullqi

yen
yen qullqi

roebel
ruwlu qullqi

Zwitserse frank
juranku swisu qullqi

renminbi yuan
rinminwi qullqi

roepie
rupia qullqi

geldautomaat
kajiru awtumatiku

wisselkantoor
qullqi rantina wasi

goud
quri

zilver
qullqi

olie
pitruliu

energie
kallpa

prijs
yupa

contract
mink'ay

belasting
impuistu

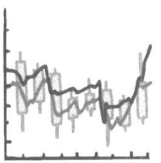

aandeel
aksiun

werken
llamk'ay

werknemer
llamk'achiq

werkgever
llamk'achiq

fabriek
puquchiy kiti

winkel
tienda

# beroepen
# llamk'aykuna

politieagent
ajinti policiamanta

brandweerman
wumwiru

piloot
pilutu

dokter
jampi kamayuq

kok
wayk'uq

tuinman

inkill kamayuq

timmerman

llaqllaykamayuq

naaister

siraykamayuq

rechter

khuskachaq

scheikundige

jampi ranqhaq

toneelspeler

aranwaq

| | | |
|---|---|---|
|  |  |  |
| buschauffeur<br>awtuwus q'iwiq | taxichauffeur<br>taksi q'iwiq | visser<br>challwakamayuq |
|  |  |  |
| schoonmaakster<br>pichaq | dakdekker<br>wasip qhatan | ober<br>wayna yanapaq |
|  |  |  |
| jager<br>chakuykamayuq | schilder<br>llimp'iq | bakker<br>t'antiri |
|  |  |  |
| elektricien<br>iliktrisista | bouwvakker<br>llam'kaq | ingenieur<br>k'llikacha |
|  |  |  |
| slager<br>ñak'aq | loodgieter<br>yaku kamayuq | postbode<br>qillqa apaq |

soldaat
awqakuq

architect
wasikamayuq

kassier
kajiru

bloemist
t'ikachaq

kapper
chukcharutuq

conducteur
q'iwichiq

monteur
mikaniku

kapitein
wamink'a

tandarts
kirukamayuq

wetenschapper
jamawt'a

rabbi
rawinu

imam
k'askachimuq

monnik
munji

pastoor
tata kura

beroepen - llamk'aykuna

# gereedschap
## ruk'awi

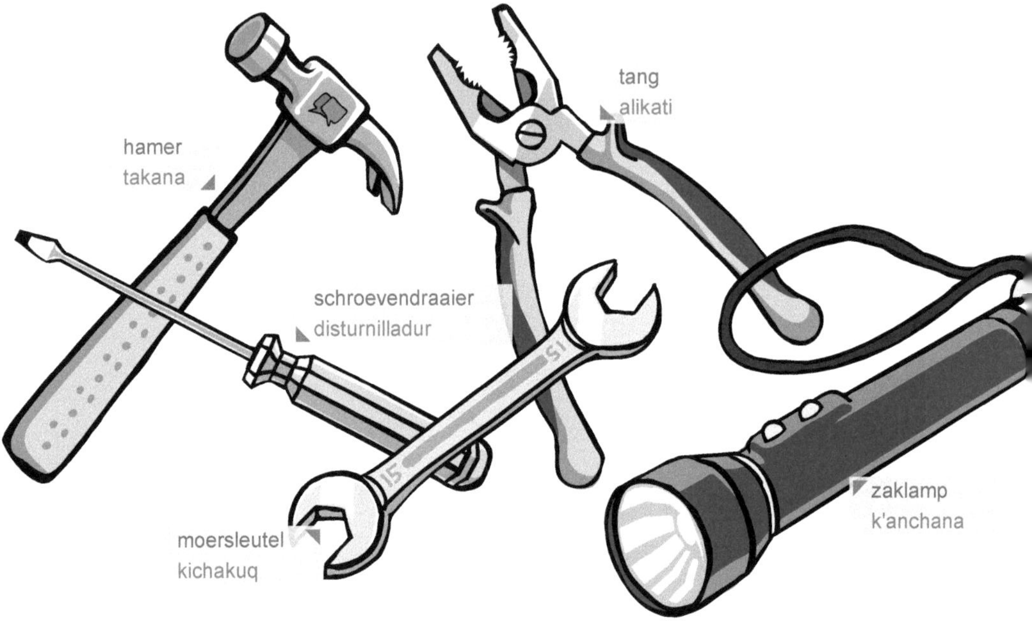

hamer  
takana

tang  
alikati

schroevendraaier  
disturnilladur

moersleutel  
kichakuq

zaklamp  
k'anchana

graafmachine  
ikskawadura

gereedschapskist  
ruk'awi p'uktaki

ladder  
wichana makiyuq

zaag  
sierra

spijkers  
takarpu

boor  
talaru

repareren
allinchay

schep
lampa

Verdorie!
¡Supay apachun!

stofblik
q'upa tantana

verfpot
llimp'i churana

schroeven
turnillukuna

## muziekinstrumenten
## takichiy nakuna

luidspreker
sumaq parlana

drumstel
watiria

gitaar
witarra

contrabas
kuntrawaju

trompet
lata phuku

muziekinstrumenten - takichiy nakuna

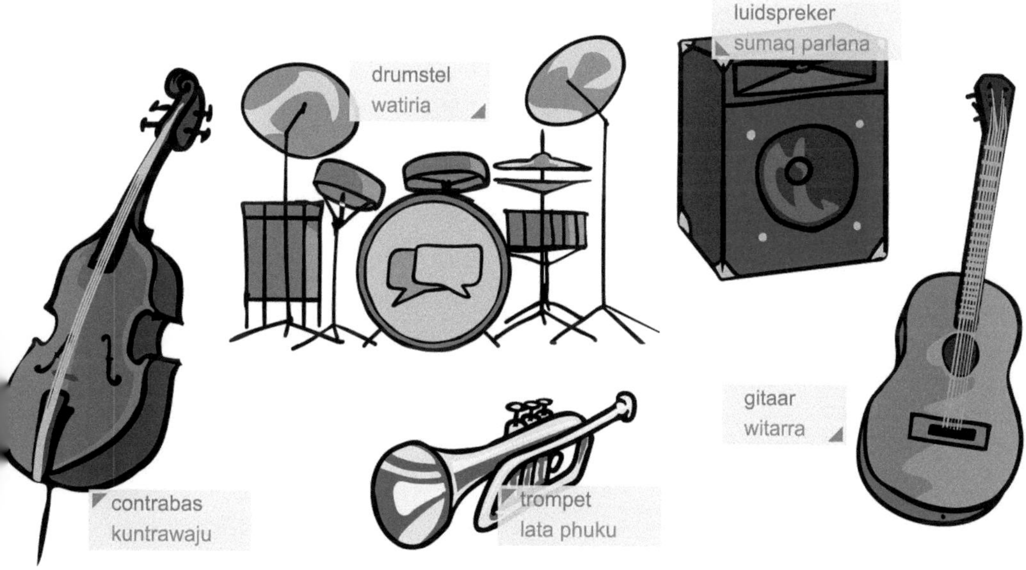

piano
pianu

viool
wiulin

bas
waju

pauk
tinwalis

trommel
wankar

keyboard
tikladu

saxofoon
saksu

fluit
phukuna

microfoon
mikrufunu

muziekinstrumenten - takichiy nakuna

# dierentuin
## jatun uywa kancha

- ingang / yaykuna
- tijger / uthurunku
- kooi / ch'iwa
- zebra / siwra
- dierenvoer / uywa mikhunan
- panda / panda

dieren
uywa

olifant
ilijanti

kangoeroe
kanguru

neushoorn
rinusirunti

gorilla
gurila

beer
jukumari

kameel
kamillu

struisvogel
suri

leeuw
puma

aap
k'usillu

flamingo
pariwana

papegaai
q'ichichi

ijsbeer
pular jukumari

pinguïn
pinwinu

haai
tiwurun

pauw
pawu

slang
katari

krokodil
kukuwurilu

dierenverzorger
jatun uywa kancha arariwa

zeehond
fuka

jaguar
uthurunku

dierentuin - jatun uywa kancha

pony
puni

luipaard
lliwpardu

nijlpaard
hipuputamu

giraffe
jirafa

adelaar
anka

wild zwijn
sintiru

vis
challwa

schildpad
turtuga

walrus
mursa

vos
atuq

gazelle
gacila

dierentuin - jatun uywa kancha

# sport
## atipanaku pukllay

# activiteiten
# ruwakuna

- lachen — asiy
- springen — phinkiy
- knuffelen — mak'alliy
- lopen — puriy
- zingen — takiy
- dromen — musquy
- bidden — mañakuy
- kussen — much'ay

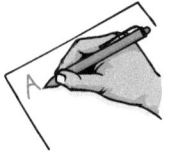

schrijven
qillqay

tekenen
t'iktuy

tonen
qhawachiy

duwen
tanqay

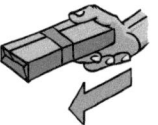

geven
quy

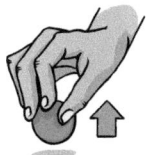

oppakken
uqhariy

hebben
yuq

doen
ruway

zijn
kay

staan
sayay

rennen
t'ijuy

trekken
chuqay

gooien
chuqay

vallen
urmay

liggen
siriy

wachten
suyay

dragen
apay

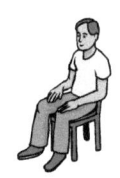

zitten
chukuchiy

aankleden
p'achachakuy

slapen
puñuy

wakker worden
rikch'ay

activiteiten - ruwakuna

bekijken
qhaway

huilen
waqay

strelen
waylluy

kammen
sikray

praten
rimay

begrijpen
unanchay

vragen
tapuy

horen
uyariy

drinken
upyay

eten
mikhuy

opruimen
kamachiy

houden van
khuyay

koken
wayk'uy

rijden
q'iwiy

vliegen
phaway

activiteiten - ruwakuna

zeilen
wamp'uy

rekenen
yupanchay

lezen
ñawiriy

leren
yachay

werken
llamk'ay

trouwen
sawaray

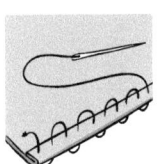
naaien
siray

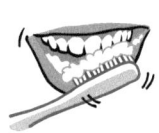
tandenpoetsen
kiru khitukuy

doden
wanchiy

roken
pitay

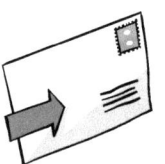
verzenden
kachay

activiteiten - ruwakuna

# familie
# yawar masikuna

- grootmoeder — jatun mama
- grootvader — jatun tata
- vader — tata
- moeder — mama
- baby — wawa
- dochter — warmi wawa/ ususi
- zoon — qhari wawa/ churin

gast
jamuynisqa

tante
ipa

oom
kaki

broer
tura/wawqi

zus
ñaña/pana

# lichaam
## uqhu

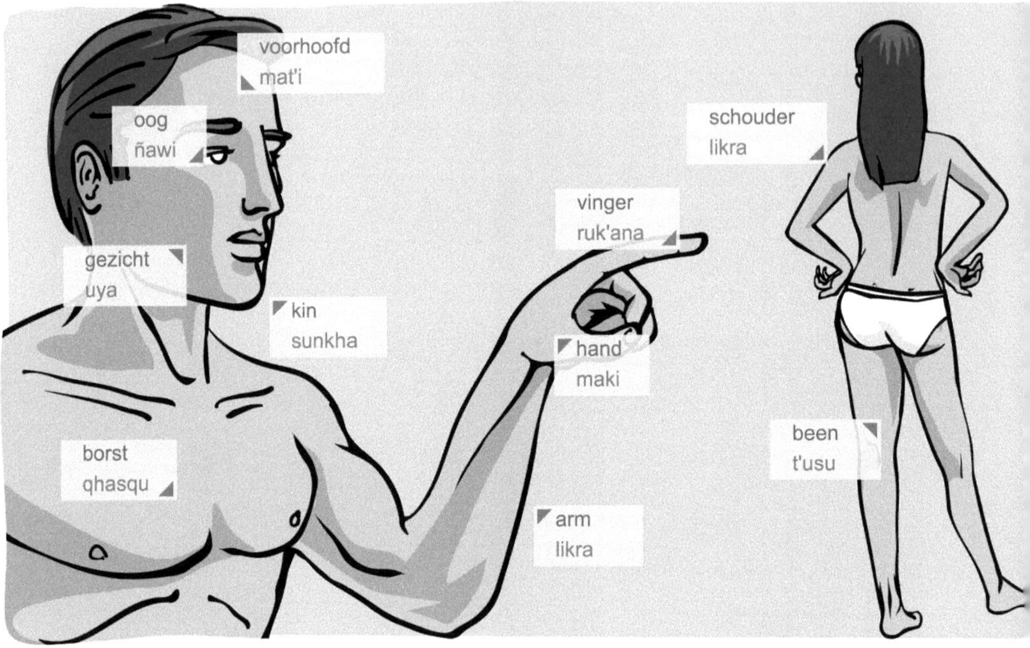

voorhoofd — mat'i
oog — ñawi
gezicht — uya
kin — sunkha
borst — qhasqu
schouder — likra
vinger — ruk'ana
hand — maki
arm — likra
been — t'usu

baby
wawa

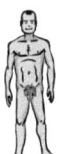

man
qhari

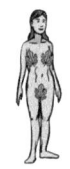

vrouw
warmi

meisje
sipas

jongen
yuqalla

hoofd
uma

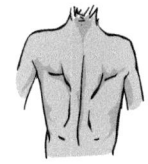
rug
wasa

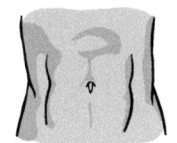
buik
wisa ukhu

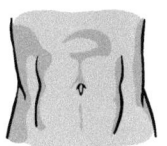
navel
pupu

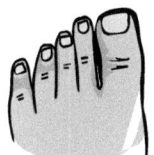
teen
ruk'ana

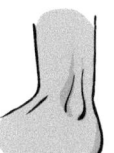
hiel
takillpa

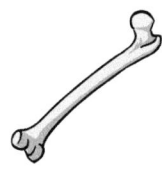
bot
tullu

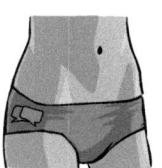
heup
chaka

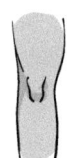
knie
muqu

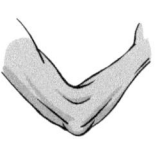
elleboog
maki muqu

neus
sinqa

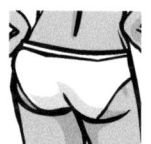
achterwerk
siki

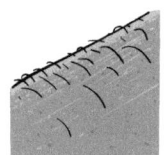
huid
qara

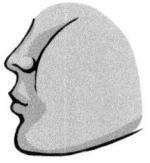
wang
k'aqlla

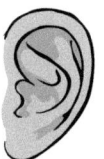
oor
linri

lippen
sipri

lichaam - uqhu

| | | |
|---|---|---|
|  | 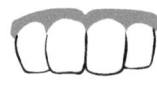 |  |
| mond<br>simi | tand<br>kiru | tong<br>qallu |
| 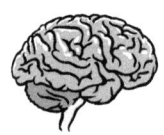 |  |  |
| hersenen<br>ñuqtu | hart<br>sunqu | spier<br>mach'i |
| 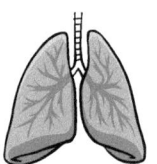 |  | 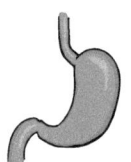 |
| long<br>surq'an | lever<br>k'iwicha | maag<br>wisa |
| 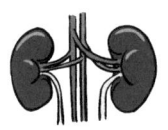 |  | 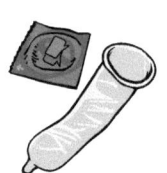 |
| nieren<br>wasa ruru | geslachtsgemeenschap<br>lluq'anaku | condoom<br>condon |
| 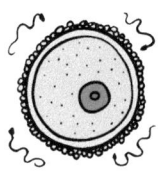 |  |  |
| eicel<br>ch'uytu | sperma<br>yuma | zwangerschap<br>wiksayuq kay |

lichaam - uqhu

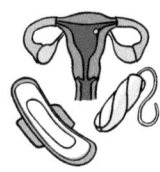
menstruatie
k'ikuy

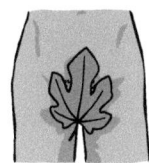
vagina
rakha

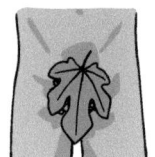
penis
ullu

wenkbrauw
qhichira

haar
chukcha

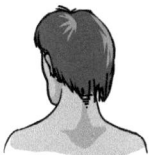
hals
kunka

lichaam - uqhu

# ziekenhuis
## Jampina wasi

- ziekenhuis / Jampina wasi
- ambulance / ambulancia
- rolstoel / muyuq tiyana
- fractuur / tullu p'akisqa

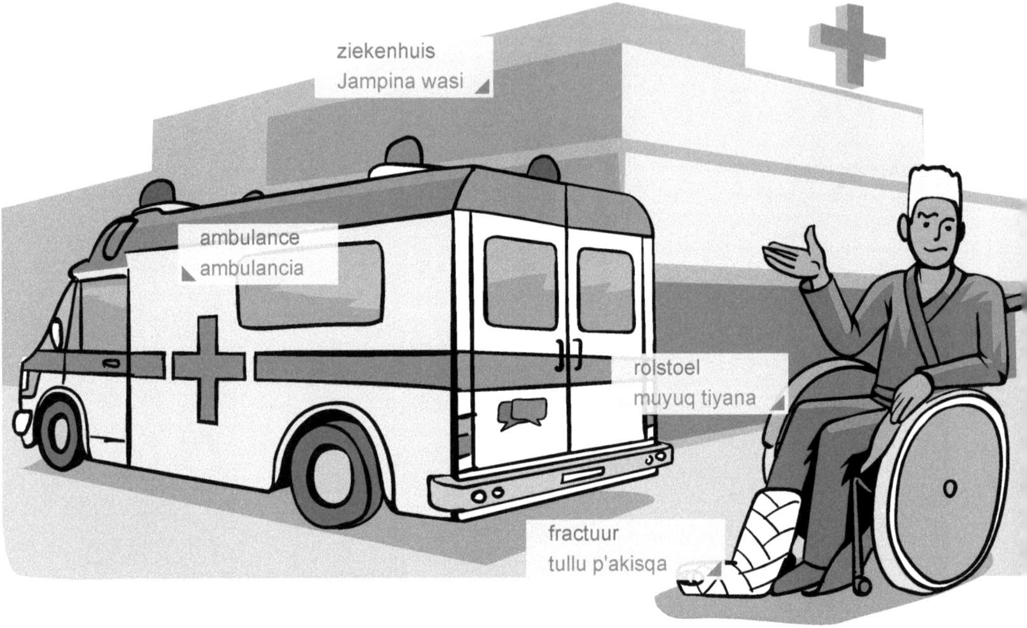

dokter
jampi kamayuq

EHBO
urgencia wasi

verpleegster
jampi yanapaq

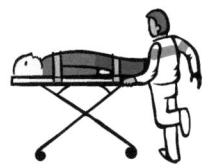

noodgeval
urjinsia

bewusteloos
mana yuyayniyuqchu

pijn
nanay

verwonding
ñuti

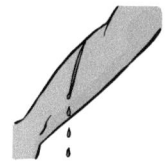
bloeding
sirk'ay

hartaanval
infarto

beroerte
wayra

allergie
millachikuq

hoest
ch'uju

koorts
k'aja unquy

griep
p'urqi

diarree
q'icha

hoofdpijn
uma nanay

kanker
isqu unquy

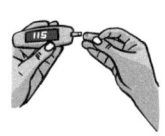
diabetes
diyawitis

chirurg
jampi kamayuq

scalpel
bisturi

operatie
upirasiun

ziekenhuis - Jampina wasi

| | | |
|---|---|---|
| 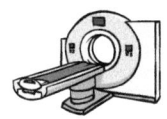 CT<br>TAC | 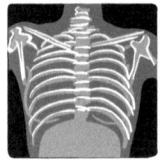 röntgen<br>tullurikuchi | 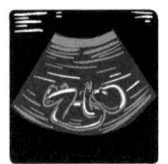 echografie<br>ultrasunidu |
|  gezichtsmasker<br>jark'ana |  ziekte<br>unquy |  wachtkamer<br>suyanapaq k'illi wanlla |
|  kruk<br>tawna | 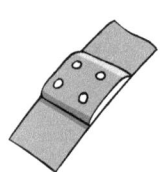 pleister<br>tinta | 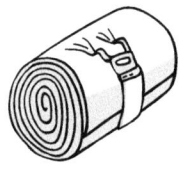 verband<br>manku |
| 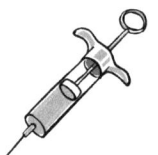 injectie<br>inyiksiun | 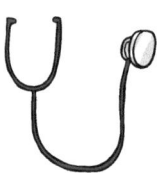 stethoscoop<br>istituskupiu | 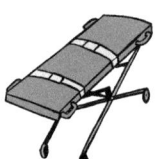 brancard<br>kallapu |
|  thermometer<br>llaphi tupuna tupu |  geboorte<br>paqarisqa |  overgewicht<br>wirachasqa |

ziekenhuis - Jampina wasi

| | | |
|---|---|---|
| 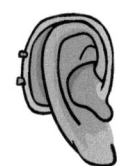 |  |  |
| gehoorapparaat<br>audifono | ontsmettingsmiddel<br>disinjiktanti | infectie<br>q'iyacha |
|  |  |  |
| virus<br>miyu | HIV / AIDS<br>VIH / SIDA | medicijn<br>jampi |
| 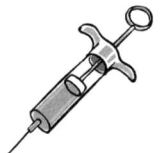 | 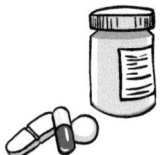 |  |
| inenting<br>wakuna | tabletten<br>tawlitakuna | pil<br>pastilla |
|  |  |  |
| alarmnummer<br>usqay waqyana | bloeddrukmeter<br>tinsiumitru | ziek / gezond<br>unqusqa / qhali |

ziekenhuis - Jampina wasi

# noodgeval
## urjinsia

Help!      alarm      overval

¡Yaw!     alarma     manchay

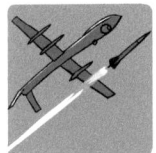         

aanval     gevaar     nooduitgang

waykha     chhiki     punku utqay lluqsinapaq

Brand!     brandblusser     ongeluk

¡Nina!     nina wañichiq     ñak'ariy

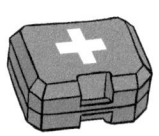         

EHBO-koffer     SOS     politie

botiquin de primeros auxilios     SOS     pulisiya

# aarde
## Pacha

Europa
Iwrupa

Noord-Amerika
Chincha Amerika

Zuid-Amerika
Qulla Amerika

Afrika
Ajurika

Azië
Asia

Australië
Awstralia

Atlantische Oceaan
Atlantiku

Stille Oceaan
Pasijiku

Indische Oceaan
Indiku mama qucha pacha

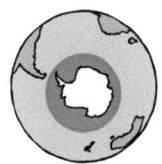

Zuidelijke Oceaan
Antartiku mama qucha pacha

Noordelijke IJszee
Artiku mama qucha pacha

Noordpool
chincha pulu

Zuidpool
qulla pulu

Antarctica
Antartida

aarde
Pacha

land
jallp'a

zee
mama qucha

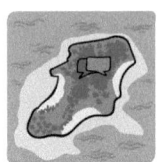

eiland
tara

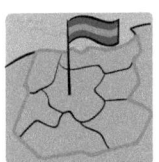

natie
llaqta

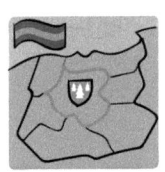

staat
Suyu

# klok
## phani (kuna)

wijzerplaat
muruq'u

uurwijzer
phani tuqsiq

minutenwijzer
chininiq

secondewijzer
ch'ipu yupaq

Hoe laat is het?
¿Ima phanitaq?

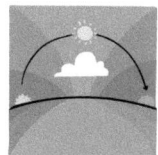

dag
p'unchaw

tijd
pacha

nu
kunan

digitaal horloge
dijital inti watana

minuut
chinini

uur
phani

# week
## qanchischaw

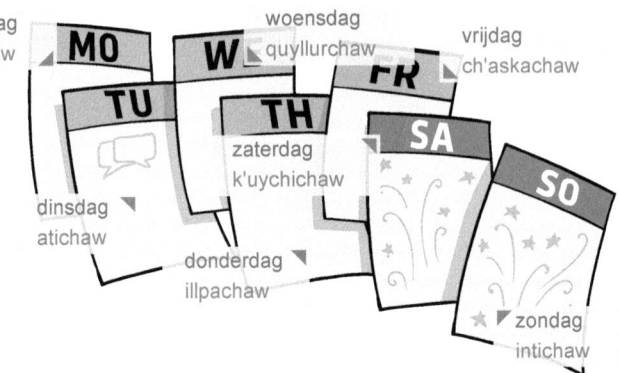

maandag — killachaw
woensdag — quyllurchaw
vrijdag — ch'askachaw
dinsdag — atichaw
zaterdag — k'uychichaw
donderdag — illpachaw
zondag — intichaw

gisteren

qayna

vandaag

kunan

morgen

p'unchaw

ochtend

p'unchaw

middag

chawpi p'unchaw

avond

sukha

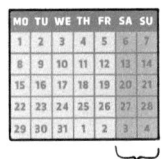

werkdagen

llamk'ana p'unchawkuna

weekend

tukuq qanchischawnin

week - qanchischaw

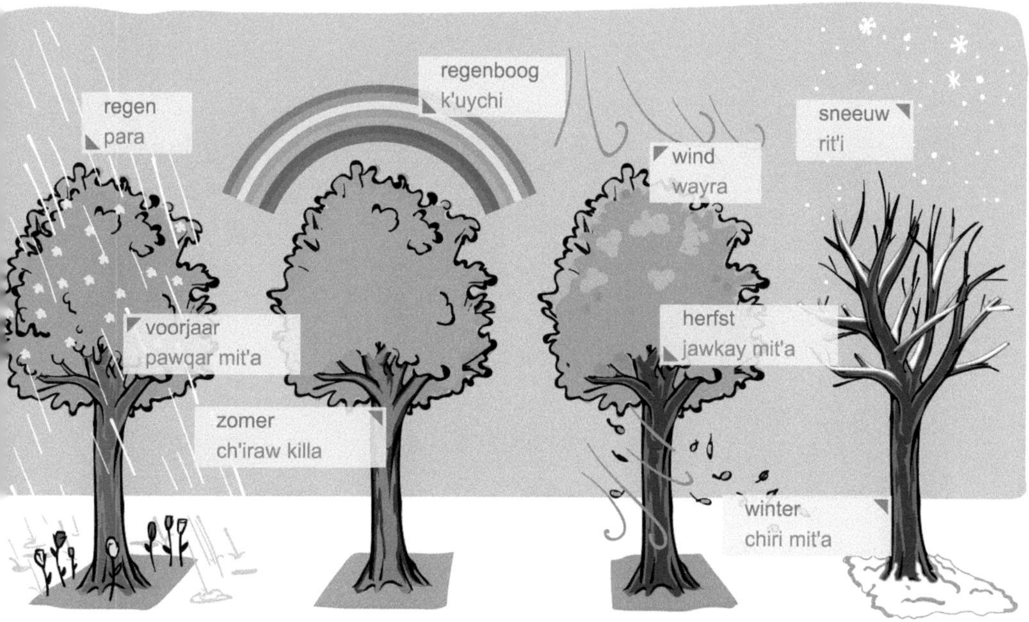

# jaar
## wata

regen
para

regenboog
k'uychi

wind
wayra

sneeuw
rit'i

voorjaar
pawqar mit'a

herfst
jawkay mit'a

zomer
ch'iraw killa

winter
chiri mit'a

weerbericht
inti raki

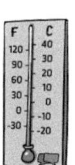

thermometer
tirmumitru

zonneschijn
inti

wolk
phuyu

mist
phuyu

luchtvochtigheid
juq'u

bliksem
illapa

donder
illapa

storm
tamya

hagel
chikchi

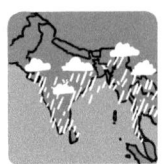
moesson
muyuq wayra

overstroming
lluqlla

ijs
chullunka

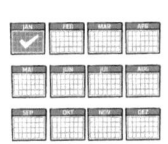
januari
qhaqmiy killa

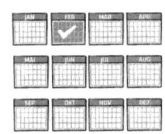
februari
jatunpuquy killa

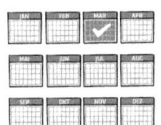
maart
pachapuquy killa

april
ariwaki killa

mei
aymuray killa

juni
jawkaykuskuy killa

juli
chakrakunakuy killa

augustus
chakraypuy killa

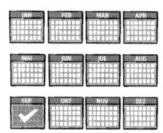
september
tarpuy killa

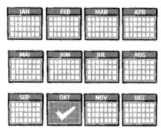
oktober
pawqarwara killa

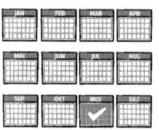
november
ayamarq'ay killa

december
qhapaq inti raymi killa

# vormen
## pacha tupusqa rikch'ay

cirkel
muyu yupa

vierkant
tawak'uchu yupa

rechthoek
sayt'u yupa

driehoek
kimsa k'uchu yupa

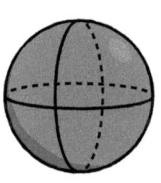
bol
muruq'u

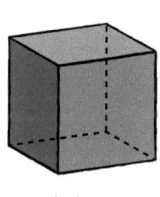
kubus
yupa wayru

# kleuren
## llimp'ikuna

wit
yurak

geel
q'illu

oranje
willapi

roze
panti

rood
puka

paars
kulli

blauw
anqas

groen
q'umir

bruin
ch'umpi

grijs
uqi

zwart
yana

# tegenstellingen
# wakjinakuna

veel / weinig
achkha / pisi

boos / rustig
phiña / qhasi

mooi / lelijk
k'acha / millay

begin / einde
qallariy / tukuy

groot / klein
jatun / juch'uy

licht / donker
sut'i / tuta

broer / zus
wawqi / pana

schoon / vies
llimphu / ch'ichi

volledig / onvolledig
junt'asqa / mana junt'asqa

dag / nacht
p'unchaw / tuta

dood / levend
wañusqa / kawsaq

breed / smal
chhuqu / k'ichki

tegenstellingen - wakjinakuna    85

eetbaar / oneetbaar

mikhunapaq / mana mikhunapaqchu

gemeen / aardig

sakra / k'acha

opgewonden / verveeld

kusisqa / majisqa

dik / dun

rakhu / tullu

eerste / laatste

ñawpaq / qhipa

vriend / vijand

masi / awqa

vol / leeg

junt'a / ch'in

hard / zacht

k'urki / llamp'u

zwaar / licht

llasa / chhalla

honger / dorst

yarqhay / ch'akiy

ziek / gezond

unqusqa / qhali

illegaal / legaal

chanin / mana chanin

intelligent / dom

yuyaysapa / upa

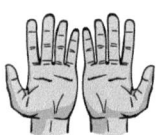

links / rechts

lluq'i / paña

dichtbij / ver

qaylla / karu

tegenstellingen - wakjinakuna

nieuw / gebruikt
musuq / mawk'a

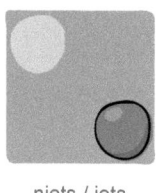
niets / iets
ch'usaq / imapis

oud / jong
machu / wayna

aan / uit
jap'isqa / wanchisqa

open / gesloten
kichasqa / wisq'asqa

zacht / luid
ch'in / ch'aqwa

rijk / arm
qhapaq / wakcha

goed / fout
chiqan / mana chiqan

ruw / glad
qhachqa / llamp'u

verdrietig / gelukkig
llakisqa / kusi

kort / lang
k'aka / karu

langzaam / snel
jayra / utqay

nat / droog
juqu / ch'aki

warm / koel
rupha / chiri

oorlog / vrede
awqay / sunqu tiyakuy

tegenstellingen - wakjinakuna

# getallen
# yupaykuna

**0**
nul
ch'usak

**1**
één
uk

**2**
twee
iskay

**3**
drie
kimsa

**4**
vier
tawa

**5**
vijf
phichqa

**6**
zes
suqta

**7**
zeven
qanchis

**8**
acht
pusaq

**9**
negen
jisq'un

**10**
tien
chunka

**11**
elf
chunka ukniyuq

**12** twaalf
chunka iskayniyuq

**13** dertien
chunka kimsayuq

**14** veertien
chunka tawayuq

**15** vijftien
chunka phichkayuq

**16** zestien
chunka suqtayuq

**17** zeventien
chunka qanchisniyuq

**18** achttien
chunka pusaqniyuq

**19** negentien
chunka jsq'unniyuq

**20** twintig
iskay chunka

**100** honderd
pacha

**1.000** duizend
waranqa

**1.000.000** miljoen
junu

# talen
## simikuna

Engels
inklis simi

Amerikaans Engels
amerikanu inklis simi

Chinees Mandarijn
mandarin chinu simi

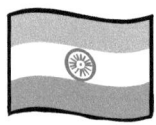

Hindi
jindi simi

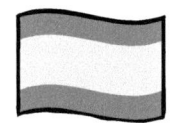

Spaans
castilla simi

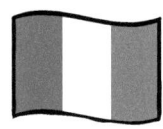

Frans
fransis simi

Arabisch
arabia simi

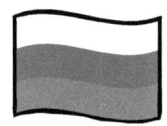

Russisch
rusia simi

Portugees
purtugal simi

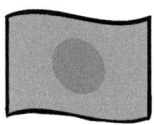

Bengalees
bingali simi

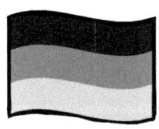

Duits
alimania simi

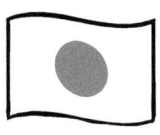

Japans
japun simi

# wie / wat / hoe
# pi / ima / imayna

ik
ñuqa

jij
qam

hij / zij / het
pay / pay / chay

wij
ñuqanchik

jullie
qamkuna

zij
paykuna

wie?
¿pitaq?

wat?
¿imataq?

hoe?
¿imaynataq?

waar?
¿maypitaq?

wanneer?
¿mayk'aq?

naam
suti

# waar
## maypi

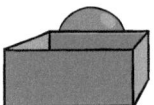

achter

qhipa

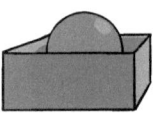

in

pi

voor

ñawpaq

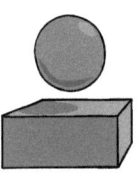

boven

pantanpi

op

pata

onder

uranpi

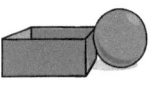

naast

kuska

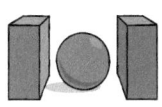

tussen

chawpi

plaats

chiqan